LA
BROCHURE
ANONYME

PARIS

E. DENTU, LIBRAIRE-ÉDITEUR

PALAIS-ROYAL, 13 ET 17, GALERIE D'ORLÉANS

—

1861

LA
BROCHURE ANONYME

———————— ❧ ————————

I

On lit dans *le Moniteur* du 16 octobre :

« Le bruit récent qui s'est fait autour de certaines
« brochures, a appelé l'attention du Gouvernement, qui
« va s'occuper des mesures à prendre contre les bro-
« chures anonymes. »

On sait que la circonstance à laquelle il est fait allu-
sion dans cette note, est une brochure intitulée : *Le
Rhin et la Vistule*, publiée à l'occasion du voyage du roi
de Prusse, à propos de laquelle les journaux anglais, lui
supposant une origine officielle, se sont livrés à de vio-
lentes récriminations contre le gouvernement de la
France.

C'est l'existence même de la brochure anonyme, qui a
fait tant de bruit durant ces dernières années, qui a
tenu un si grand rôle dans la marche de notre politique, qui a provoqué les seules manifestations de l'opinion publique qu'il nous ait été donné de voir en France
depuis longtemps ; c'est l'existence même de la brochure

anonyme qui est mise en jeu par la note du *Moniteur*.

La question mérite qu'on l'examine.

Il ne s'agit même pas ici de se placer à ce point de vue élevé de liberté générale, qui veut que l'on restreigne le moins possible toute action individuelle, que l'on ne mette aucune entrave à la libre expression de la pensée. Cet argument serait de peu de valeur pour bien des gens. L'heure n'est pas venue de cette revendication absolue du droit. Laissons du reste aux mauvaises causes ces arguments généraux qui en arrivent à ne rien prouver par l'excès de leur vérité.

II

La brochure anonyme est nécessaire aux époques où il y a peu de liberté.

Elle est nécessaire aux heures d'indifférence où sommeille l'opinion publique.

La signature diminue toujours une œuvre, en la restreignant à la personnalité de son auteur, en faisant pressentir ce qu'elle contient par la qualité et les opinions du signataire.

On se préoccupe peu des opinions individuelles, à ces heures surtout où l'importance de l'individu s'est amoindrie avec la liberté.

On est avide, au contraire, de l'opinion d'un parti, de la pensée du pouvoir; on a besoin de penser de concert avec les autres, on veut savoir ce que l'on a à craindre ou à espérer.

Le droit importe peu; ce qui importe, c'est le fait. On ne s'intéresse pas à la valeur des idées exprimées, mais à ce qu'elles sont supposées être l'expression de ceux qui ont la puissance dans les mains, à ce qu'elles préparent les faits, à ce qu'elles les font pressentir. Une brochure est un sujet de curiosité, d'espérance ou de crainte, non de méditation.

Qu'importe la moralité des choses ? qu'importe l'éloquence ? qu'importe l'élégance de la diction ? — Mais : Quoi de nouveau ? que va-t-il arriver ? que faut-il redouter ?

« Quand donc, disait Démosthène aux Athéniens, cesserez-vous de vous promener sur la place publique, demandant : Qu'y a-t-il de nouveau ? — Philippe est mort, dira l'un. — Eh non ! il n'est que malade, dira l'autre. — Il marche sur la ville, dira un troisième. — Eh ! qu'importe, si vous ne prenez pas les moyens de lui résister et d'aviser à la meilleure gestion de la chose publique ? »

Nous avons vu un frappant exemple des conséquences de cet état de choses à l'occasion des divers incidents de la guerre d'Italie.

Ce qui importait à la foule, en effet, ce n'était pas la pensée d'un homme, de si près touchât-il au pouvoir : c'était la pensée du gouvernement lui-même, le secret de sa politique, le pressentiment de l'attitude qu'il allait prendre.

Voilà une des causes de l'importance des brochures fameuses : *Napoléon III et l'Italie*, le *Pape et le Congrès*.

III

La brochure anonyme n'a pas seulement sa raison d'être dans l'indifférence timide et dans la curiosité malsaine d'un peuple privé de liberté, — elle a sa légitimité, en ce qu'elle est le seul moyen qui appartienne à une collection d'individus pour exprimer leur opinion.

Quand il s'agit d'exprimer une opinion collective, la signature détruit l'importance de la manifestation, en l'absorbant dans sa personnalité, qui détruit la solidarité aux yeux du public.

Et ce n'est que par l'existence de ces associations d'individus et par la faculté qui leur est laissée d'exprimer leur opinion collective, qu'on ne l'oublie pas, qu'est possible la pratique de la liberté et de la vie publique.

En ceci, la politique est tout à fait distincte de l'art, qui puise toute sa valeur dans l'originalité et, par suite, dans l'individualité de l'artiste.

En politique, les idées nouvelles sont d'abord émises par quelques penseurs profonds et courageux; mais elles ne prennent droit de cité, elles n'ont d'importance, elles n'exercent d'utile influence, qu'autant qu'une fraction de l'opinion s'est groupée autour de leurs initiateurs, qu'autant qu'elles ont passé de l'état d'opinions individuelles à l'état de parti; et ce n'est qu'ainsi qu'une nation arrive à l'exercice de la vie publique. C'est là ce qui fait la légitimité des partis.

Les partis, contre lesquels il est d'usage de déblatérer depuis quelque temps, sont chose respectable et nécessaire; ils sont un des rouages importants du gouvernement de la chose publique; bien loin d'être des instruments de destruction, ils sont des éléments essentiels de conservation; ils facilitent au lieu d'entraver l'action du gouvernement; — quand, cela est bien entendu, ils ne représentent pas aveuglément les prétentions d'un homme ou d'une famille, mais quand ils représentent une idée; quand ils ne sont pas une opposition systématique, mais une campagne généreuse en faveur d'une réforme utile, en faveur d'un principe protecteur de la justice et des droits de tous.

Voilà pourquoi dans tous les États où il y a de la vie politique, il y a des partis, et les partis sont l'attestation de cette vie. Cette uniformité qu'on nous vante, cette adhésion parfaite à toutes les volontés du gouvernement, capable de le suivre dans toutes les contradictions dans lesquelles il peut tomber, — dont il existe un parfait exemple en Chine — n'est pas un idéal. Ce serait le signe du despotisme et de la mort politique ; ce serait l'enfance ou la décadence du peuple qui le réaliserait.

Une assemblée politique n'a sa raison d'être et son importance, elle ne contribue efficacement à la direction des affaires, elle n'est une garantie, qu'autant qu'il y a discussion dans son sein, qu'elle contient divers partis constitués ; elle n'existe qu'à condition de posséder une majorité et une minorité ; mais si elle n'est composée que d'une majorité qui vote passivement tous les projets de loi qu'on lui présente, ce n'est plus une assemblée délibérante, c'est un simple bureau d'enregistrement, une surcharge inutile au budget, une complication coûteuse de ce fonctionnarisme qui nous ronge.

L'opinion publique n'existe qu'à la même condition.

Et il n'y a de gouvernement digne de ce nom que celui qui supporte une opposition.

Or, les partis, de même que le gouvernement, n'ont qu'un moyen d'exprimer leur opinion collective : c'est l'anonyme.

Ils étaient représentés autrefois par les journaux ; toute la presse en France a été anonyme jusqu'à la loi du 16 juillet 1850, qui exige la signature (1). La presse

___

(1) Art. 3 de la loi du 16 juillet 1850 :

« Tout article de discussion politique, philosophique ou religieuse, inséré dans un journal, devra être signé par son auteur, sous peine d'une amende de 500 fr. pour la première contravention, et de 1,000 fr. en cas de récidive.

« Toute fausse signature sera punie d'une amende de 1,000 fr. et d'un emprisonnement de six mois, tant contre l'auteur de la signature que contre l'auteur de l'article et l'éditeur responsable du journal. »

est encore anonyme en Italie, en Angleterre, en Allemagne, dans tous les États libres, même en Turquie.

Les partis, chassés des journaux, transformés par la loi Tinguy-Laboulie en tribunes individuelles, ont dû se réfugier dans la brochure.

De là la brochure anonyme.

De là la diminution de l'importance des journaux et la faveur de la brochure qui leur a succédé.

IV

Le gouvernement, qui a apporté de si nombreuses restrictions à la liberté de la presse, a toujours prétendu laisser une entière liberté à la brochure.

La question, en effet, n'est pas nouvelle. L'incident qui s'est produit à propos de la brochure *le Rhin et la Vistule* s'est déjà présenté. Plusieurs fois on a voulu rendre pareillement le gouvernement de la France responsable de brochures publiées sous le couvert de l'anonyme.

Jusqu'à ce jour le gouvernement s'est contenté de repousser ces allégations comme il devait le faire, et même il en a pris occasion pour attester la liberté qu'il entend laisser à la brochure, l'observation scrupuleuse de la légalité que doit garder l'administration à cet égard.

Les déclarations du journal officiel sur ce point sont précieuses.

« Une brochure anonyme intitulée *la Coalition*, lisons-nous dans *le Moniteur* du 20 avril 1860, est depuis deux jours le prétexte de manœuvres de Bourse et d'efforts pour entretenir l'inquiétude dans les esprits : *les lois actuelles ne donnent pas au gouvernement le droit d'arrêter ces sortes de publications*, à moins qu'elles ne renferment un délit caractérisé. »

Quelques mois plus tard, le **21** janvier de cette année, *le Moniteur* publiait une nouvelle note ainsi conçue :

« On a beaucoup parlé en France, et surtout à l'étranger, de certaines brochures publiées à Paris qui défendent les thèses les plus hasardées et souvent les plus absurdes. Ce que valent ces brochures, si peu en harmonie avec le sentiment public, il est inutile de le dire, et l'ensemble des actes du gouvernement de l'Empereur suffit pour prouver qu'il en fait le cas qu'elles méritent. *Mais nous vivons sous un régime de liberté réglé par les lois.* Ces publications, ainsi que *le Moniteur* l'a déjà fait remarquer, sont placées sous l'empire du droit commun et ne sont assujetties qu'à la formalité du dépôt.

« Cet état de notre législation, en matière d'imprimerie et de librairie, laisse à l'initiative individuelle LA PLUS COMPLÈTE LIBERTÉ POUR TOUTES LES PUBLICATIONS NON PÉRIODIQUES ; le gouvernement n'est donc armé *d'aucun droit préventif* à l'égard des livres et des brochures ; on comprend dès lors combien il serait injuste de le rendre responsable d'écrits où sont développées des théories insensées, que la justice ne poursuit pas parce qu'elles ne constituent pas des délits, mais que le bon sens réprouve. »

Voilà quelle a été jusqu'à ce jour la doctrine du gouvernement sur ce sujet délicat. Cette doctrine est conforme au droit et à la justice. Voudrait-on y renoncer ?

Nous nous expliquerions difficilement cet esprit de réaction.

Après le décret du 24 novembre, après cette circulaire mémorable de M. de Persigny, où il déclare qu'il entend que les actes de l'administration soient, *comme les siens,* « exposés à la discussion publique ; » après que le réveil de l'opinion libérale en France a été reconnu par

M. le président du Corps Législatif lui-même (1), à cette heure où le pays tout entier s'unit pour réclamer ce que l'on appelle en langage officiel « le couronnement de l'édifice, » et ce que nous appelons, nous, la liberté; serait-il possible que le gouvernement songeât à apporter de nouvelles restrictions à la liberté d'écrire? qu'il songeât à revenir sur ses déclarations de maintenir les garanties que la législation actuelle donne aux brochures?

Non, sans aucun doute, cela n'est pas, cela ne peut pas être.

V

Quelques journaux ont avancé que la brochure anonyme n'était pas loyale.

Nous ne [savons si l'argument est spécieux; en tout cas, il ne résiste pas au plus simple raisonnement.

En effet, il y a deux sortes de brochures anonymes: celles qui sont faites dans un but de spéculation, et celles

---

(1) *Séance du Corps législatif du* **22** *mars.* Clôture de la discussion de l'adresse.

M. LE PRÉSIDENT. — L'opinion de la France, permettéz-moi, Messieurs, de la définir; elle ressemble à ces lames d'acier que l'on courbe, et dont la pointe vient toucher la garde; mais qui, dès qu'on les lâche, redeviennent rigides et reprennent leur direction première. Eh bien! la France a éprouvé bien des déboires, bien des déceptions; elle s'est jetée plus d'une fois dans les bras de ceux qui la sauvaient; elle a applaudi souvent aux mesures réactionnaires, exceptionnelles, oppressives même; mais une fois le calme et l'ordre rétablis, une fois le pays remis de ses émotions et rendu à lui-même, l'opinion de la France, soyez-en sûrs, se révèle profondément libérale.

VOIX NOMBREUSES. — Très-bien! très-bien!

M. LE PRÉSIDENT. — Oui, Messieurs, l'opinion de la France, je le répète, est profondément libérale. (Nouvelles approbations.)

(*Moniteur* du 23 mars 1864.)

qui, comme nous venons de le dire, sont l'expression d'une pensée collective.

Il est facile de les distinguer.

Les premières, — ou se caractérisent par une honteuse et révoltante lâcheté, frappant l'ennemi qui est par terre et qui ne peut ni répondre ni résister, accumulant l'injure, réveillant le scandale, — ou encore elles spéculent sur la bêtise humaine, affectant une origine officielle, et sont vides et nulles sous un titre pompeux. L'opinion en a vite fait justice.

Ne serait-il pas fâcheux que de pareilles brochures provoquassent des mesures préventives qui étoufferaient le bien en même temps que le mal.

Quant aux secondes, — celles qui sont l'expression d'une opinion collective, il me semble que leur légitimité est suffisamment démontrée. L'anonyme n'est pas une dissimulation déloyale ; il est une conséquence essentielle de leur nature. Elles cessent d'exister si on les astreint à la signature.

Quelque doute vous reste-t-il encore sur ce point ? Mais il faudrait condamner les principaux écrits du dix-huitième siècle, les œuvres de Voltaire, des encyclopédistes qui ont paru anonymes ; il faudrait condamner toute la presse française jusqu'en 1850 ; il faudrait condamner toute la presse anglaise, toute la presse de l'Europe civilisée et libérale.

On comprend que cet argument ne peut se soutenir.

Du reste, la loi du 16 juillet 1850 sur la signature est si exorbitante, que sa rigoureuse exécution n'est même pas possible, comme l'a montré la pratique des années qui l'ont suivie. Ne voyons-nous pas à chaque instant, dans les journaux et dans les publications périodiques, des articles dont l'origine n'est pas même dissimulée par la signature illusoire qui les couvre ? Les journaux ne publient-ils pas fréquemment des articles qui, sous la signature du secrétaire de la rédaction, sont pour tout le monde autre chose que l'expression de l'opinion individuelle du signataire?

Non-seulement ce reproche de déloyauté fait à la brochure anonyme n'a aucun fondement; mais de la part de la presse, qui est censée représenter les intérêts de l'opposition, c'est une maladresse.

Il y a là une étrange erreur de la part d'un défenseur de la liberté.

VI

Un autre argument, non moins faux ni moins dangereux, a été mis en avant par ces mêmes journaux. Il n'est pas juste, dit-on, que les brochures jouissent du privilége de l'anonyme, quand ce privilége a été retiré aux journaux.

O sophistes aveugles, qui n'invoquez le nom de la liberté que pour vous en faire une arme contre elle! et qui, ayant si souvent le mot à la plume, comprenez si peu les conditions de son existence!

Eh quoi, parce que la presse n'est pas libre, il faut restreindre la liberté de la brochure!

Mais c'est précisément l'état de dépendance de la presse, qui rend plus précieuse l'indépendance de la brochure!

Vous parlez d'égalité! Mais de quelle façon étrange la comprenez-vous? Est-ce donc l'égalité de la servitude que vous voulez?

Que l'on s'autorise de la liberté de la brochure pour demander la liberté des journaux, nous le comprenons facilement; mais que l'on s'autorise de la servitude des journaux pour demander la servitude des brochures, et que cet argument se trouve dans la bouche de ceux qui se prétendent libéraux, voilà une étrange façon de raisonner et de comprendre la liberté !

C'est par un semblable argument que les journaux dits démocratiques demandent la suppression de la Société de Saint-Vincent de Paul, et la presse légitimiste la suppression de la franc-maçonnerie. Voilà bien, en effet, le moyen d'obtenir la liberté d'association !

De pareils arguments ne se discutent pas, et il suffit de les rappeler pour les confondre.

M. J.-J. Weiss a montré une intelligence bien plus grande de la question et un esprit plus libéral, en disant dans *le Journal des Débats :*

« Nous avouons que chaque fois que l'attention du gouvernement est appelée sur la presse, nous éprouvons des sensations semblables à celles que dut éprouver le cerf de la Fable, quand il vit briller tout à coup l'œil du maître. Fasse le ciel qu'après avoir si souvent médit des brochures anonymes, nous ne soyons pas réduit à prendre en quelque point leur défense ! »

Hâtons-nous de dire que la liberté de la brochure a été défendue au *Siècle* par M. Taxile Delord, à *la Presse* par M. Mahias, et au *Temps* par M. Nefftzer.

VII

Nous croyons avoir démontré suffisamment dans les pages qui précèdent, la raison d'être, la nécessité et en même temps la légitimité de la brochure anonyme.

Il reste toujours cette objection d'où est né tout le débat ; la prédisposition des journaux et parfois des gouvernements étrangers, à rendre notre gouvernement responsable de toutes les brochures qui paraissent en France.

Sans doute c'est là qu'est le mal ; mais la cause n'est certainement pas celle qu'on a mise en avant ; la cause n'est pas l'anonyme.

Le remède que l'on propose, d'astreindre toutes les brochures à la nécessité de la signature, ne diminuerait certainement pas le mal ; il ne ferait que l'accroître, au contraire, en attestant une fois de plus dans quelle étroite dépendance est la Presse française, et de combien de restrictions est entourée l'expression de la pensée.

A-t-on jamais songé à rendre les gouvernements qui ont précédé celui-ci, responsables des journaux anonymes qui se publiaient en France avant la loi Tinguy ? rend-on le gouvernement anglais responsable des journaux anonymes qui se publient en Angleterre ?

Vous voyez bien que ce n'est pas dans l'anonyme qu'est la cause du mal.

La cause du mal, elle est dans les difficultés qui entourent la publication de la brochure, dans la nécessité de la déposer longtemps avant sa publication et dans la faculté qui appartient au gouvernement, et dont il a fait usage parfois, d'empêcher cette publication. N'accepte-t-il pas tacitement la responsabilité des brochures dont il ne défend pas la publication ?

Voilà la cause du mal ; — de même que le discrédit qui pèse sur la Presse française à l'étranger, malgré la loi de signature, tient à la législation préventive qui la régit et à la dépendance étroite dans laquelle les journaux sont vis-à-vis de l'administration.

Oui, nous ne saurions trop le répéter, voilà, voilà la cause du mal.

La cause du mal, elle est encore dans la responsabilité de l'éditeur et de l'imprimeur et dans cette position délicate que leur fait notre législation et qui faisait dire à l'un d'eux :

« Ma fortune et mon avenir dépendent de l'administration ; elle tient entre ses mains mon brevet comme
tous ceux de mes confrères ; or, tous les jours, il se
commet *involontairement* des infractions dans les mai-
sons les mieux tenues auxquelles je ne saurais échapper,
et alors elle a le droit absolu de nous saisir légalement.
Si elle ne procède pas rigoureusement, c'est qu'elle est
incontestablement bienveillante ; mais pour ne pas craindre ces rigueurs et mériter sa bienveillance dont j'ai
toujours besoin, le simple bon sens me commande de
ne pas la braver. » (Lettre de M. Wittersheim, produite
dans le procès de M. Léon Masson contre M. Wittersheim
pour le faire mettre en demeure de remplir l'engage-
ment qu'il avait pris vis-à-vis de lui de publier une
traduction d'un discours prononcé à Londres par M. le
duc d'Aumale.)

Voilà le secret : voulez-vous y remédier ? Affran-
chissez l'éditeur et l'imprimeur, et, au lieu de lui im-
poser de nouvelles restrictions, rendez un peu d'indépendance à la presse ; supprimez la formalité du dépôt
au parquet (1). Soyez sobres surtout de mesures préventives.

Le plus sûr moyen qu'ait le gouvernement français de
décliner tout à fait aux yeux des autres gouvernements
la responsabilité des brochures et des journaux qui se
publient en France, c'est de leur attester qu'il laisse à
la presse une entière indépendance, et de mettre sa
conduite en accord avec ses paroles.

Ce serait augmenter leurs inquiétudes et fournir des
armes nouvelles à leur malveillance que de prendre

(1) Il est bien entendu qu'il n'est nullement question du dépôt qui se
fait à l'instant même de la publication pour la Bibliothèque, mais du dépôt au parquet vingt-quatre heures avant la publication, mesure excep-
tionnelle prise contre les brochures politiques depuis 1849. Ce que nous
demandons, c'est le retour à ce qui se pratiquait autrefois.

contre les brochures des mesures qui, en apportant de nouvelles restrictions à la liberté, pourraient servir d'argument à ceux qui prétendent que rien ne se publie impunément en France sans l'assentiment du gouvernement.

Ici encore, le remède est dans la liberté qui augmentera la dignité de la Presse en affermissant son indépendance.

FIN

Paris. — Imp. de L. TINTERLIN, rue Neuve-des-Bons-Enfants, 3.